DIE WÜRZBURGER FAMILIEN STERN & HAAS

JÜDISCHE MINIATUREN

Herausgegeben von Hermann Simon

BAND 325 DIE WÜRZBURGER FAMILIEN STERN & HAAS

Alle „Jüdische Miniaturen" sind auch im Abonnement beim Verlag erhältlich.

Die Deutsche Nationalbibliothek verzeichnet diese Publikation in der Deutschen Nationalbibliografie; detaillierte Daten sind im Internet über https://portal.dnb.de/ abrufbar.

Inh. Dr. Nora Pester
Capa-Haus, Jahnallee 61
04177 Leipzig
info@hentrichhentrich.de
www.hentrichhentrich.de

Lektorat: Sonja Surup
Gestaltung: Michaela Weber
Druck: Winterwork, Borsdorf

1. Auflage 2024

Printed in Germany
ISBN 978-3-95565-683-6

RICCARDO ALTIERI

DIE WÜRZBURGER FAMILIEN STERN & HAAS

„EINE ZIERDE DES GANZEN ANWALTSSTANDES“

HENTRICH & HENTRICH

CENTRUM JUDAICUM

Inhalt

Geleitwort

„Es ist unangenehm genug, wenn die Luft über einem Land giftig und qualmig wird. Aber diese Luft kann man bis zu einem gewissen Grad aussperren, man kann seine Fenster dicht zumachen, und sich in die vier Wände eines ausgesparten Privatlebens zurückziehen. Man kann sich abkapseln, sich Blumen ins Zimmer stellen, und sich auf der Straße Ohren und Nase zuhalten. Die Versuchung, so zu verfahren, ist groß." So beschreibt der damals angehende Jurist und spätere Publizist Sebastian Haffner die Situation in Berlin 1933.

Für jüdische Menschen gab es bald schon keine Möglichkeit mehr, gesellschaftliche und zunehmend auch rechtliche Ausgrenzung zu ignorieren – die Flucht ins Private war ihnen verwehrt. Dies beschreibt der Autor und Leiter des Johanna-Stahl-Zentrums für jüdische Geschichte und Kultur in Unterfranken, Riccardo Altieri, am Beispiel der Familien Stern und Haas. Aus ihnen waren nicht nur angesehene Würzburger Juristen hervorgegangen, sie waren auch aktive Mitglieder des gesellschaftlichen Lebens und nicht zuletzt der Israelitischen Kultusgemeinde.

Die „Integration auf Widerruf", wie Altieri dies einmal benannt hat, endete schrittweise, aber unaufhaltsam. Im Rückblick sehen wir, wie der Mangel

an Sensibilität und Empathie, aber auch die Verachtung für die Demokratie die Weimarer Republik scheitern ließ. Deshalb muss es uns heute besonders alarmieren, wenn radikale Stimmen sich gegen demokratische Grundprinzipien wenden, wenn Verschwörungserzählungen verbreitet, Sündenböcke für gesellschaftliche Missstände gesucht werden.
Antisemitismus ist dabei ein zu jeder Zeit verwerfliches und ablehnungswürdiges, aber leider auch wandelbares und daher wirksames Gift. Auch dieses, nicht allein eine bemerkenswerte Familiengeschichte, will Riccardo Altieri mit dem vorliegenden Büchlein zeigen. Jüdisches Leben ist aktuell akuten Gefährdungen ausgesetzt – nicht nur in Israel, wie die Terrorattacke der Hamas am 7. Oktober 2023 gezeigt hat, sondern weltweit. Deshalb müssen wir gerade heute für unser Tun Lehren ziehen. In diesem Sinne wünsche ich allen Leserinnen und Lesern des Buchs maximalen Erkenntnisgewinn.

Dr. Ludwig Spaenle, München, im April 2024
Beauftragter der Bayerischen Staatsregierung für jüdisches Leben und gegen Antisemitismus, für Erinnerungsarbeit und geschichtliches Erbe

Einleitung

Bis 1871 war es Juden in Deutschland nur unter bestimmten Voraussetzungen möglich, Funktionen innerhalb des staatlichen Verwaltungsapparats zu erlangen. Grund hierfür waren restriktive Sondergesetze, durch die Juden im gesamten deutschsprachigen Herrschaftsbereich deklassiert und eingeschränkt wurden. Erst mit der Reichsgründung wurden sie auf den meisten Ebenen gleichgestellt. Dass sie selbst bis ins anfängliche 20. Jahrhundert immer noch keine echte Anerkennung auf Augenhöhe erfahren hatten, beweist unter anderem der militärische Alltag während des Ersten Weltkrieges, zu dessen Beginn die höheren Offiziersränge für Juden versperrt blieben.[1] Rein rechtlich wurde die völlige Gleichstellung erst mit der Weimarer Verfassung von 1919 verwirklicht.[2]

Auch in den juristischen Berufen war in der Zeit zwischen dem Deutsch-Französischen Krieg und den Ereignissen von 1914 bis 1918 keine vollständige Gleichberechtigung zwischen den Konfessionen auszumachen. Die Einführung der „freien Advokatur", die 1878 ermöglicht wurde, öffnete den Markt für interessierte Juristen jeder Glaubensrichtung.[3] Voraussetzung war das Abitur mit anschließendem Jurastudium, doch die beiden staatlichen Examina sollten künftig niemandem mehr aus religiösen Gründen verwehrt bleiben. Anschließend konnten jüdische Anwälte im freiberuflichen Sektor als Rechtsanwälte tätig werden.[4]

Während die Anzahl der Juden in Deutschland zwischen 1871 und 1933 von 1,05 auf 0,76 Prozent der Gesamtbevölkerung sank, konnte die Berufsgruppe der jüdischen Anwälte im selben Zeitraum einen enormen Anstieg verzeichnen.[5] 1930 war mit 4394 von 19 500 reichsweit zugelassenen Rechtsanwälten mehr als ein Fünftel Juden.[6] Erst das „Gesetz über die Zulassung zur Rechtsanwaltschaft" vom 7. April 1933 als Folge des sogenannten Judenboykotts vom 1. April 1933 sollte für Massenentlassungen unter jüdischen Rechtsanwälten sorgen, was jedoch zunächst misslang. Grund hierfür war die formal einwandfreie Ausbildung der Juristen, gepaart mit dem Umstand des sogenannten Frontkämpferprivilegs Paul von Hindenburgs (1847–1934).[7] Doch schon 1935 wurden gemäß der „Ersten Durchführungsverordnung des Reichsbürgergesetzes" die letzten jüdischen Beamten aus dem Staatsdienst entlassen, 1938 folgte die endgültige Aberkennung der Zulassung für jüdische Rechtsanwälte.[8]

In dieser Entwicklungsphase zwischen dem Ende des Deutschen Bundes und der Machtübernahme durch die Nationalsozialisten wählten mehrere Angehörige einer jüdischen Würzburger Familie den Beruf des

Juristen. Die Rede ist von Otto Stern, seinem Sohn Bruno Stern, dessen Vetter Gerson Haas sowie deren Söhnen Wilhelm Stern und Otto Ernst Haas. Auf diese dritte Generation wird im Rahmen dieses Büchleins nur am Rande eingegangen. In einem Zeitraum von mehr als 50 Jahren studierten sie nacheinander Jura an der Universität Würzburg, wurden anschließend zum Doktor beider Rechte promoviert und wählten einen Beruf innerhalb des Rechtssektors der Stadt Würzburg. Die eingangs geschilderten reichsweiten Entwicklungen hatten direkten Einfluss auf die Lebensläufe dieser fünf Würzburger. Waren Otto Stern, sein Neffe und sein Sohn nach ihren Examina noch in den „freien Advokaturen“ tätig, so hatten auch die Söhne der Rechtsanwälte ihr Assessorat bereits zum Teil am Würzburger Landgericht absolviert, womit sie formal auf Zeit befristete bayerische Staatsbeamte waren. Anschließend hätten sie auch den Beruf des Staatsanwaltes oder des Richters anstreben können. Aufgrund der Entwicklungen zwischen 1933 und 1938 kam es jedoch nie dazu.

Im Folgenden sollen vor allem die völlig unterschiedlichen Lebensläufe der drei älteren Juristen vorgestellt werden. Dabei liegen dem Text folgende Leitfragen zugrunde: Wo unterscheiden sich die Lebensläufe der drei Generationen von nichtjüdischen Würzburger Juristen? Wo hatten die zuvor geschilderten Entwicklungen konkret Einfluss auf die fünf Würzburger und ihre Familienangehörigen? Welche Tendenzen von Judenfeindschaft und Antisemitismus lassen sich an den Lebensläufen der Familien Stern und Haas nachweisen? Welche berufstypischen Einschränkungen mussten die im Exil lebenden deutschen Anwälte schließlich im englischen beziehungsweise amerikanischen Ausland hinnehmen?

Als einer der wichtigsten Quellenbestände zur Rekonstruktion einer Familie in der Mitte des 19. Jahrhunderts sei auf das Medium der Jüdischen Standesregister verwiesen, ferner kommen Gestapoakten und sog. Wiedergutmachungsakten aus dem Würzburger Staatsarchiv zum Tragen. Auf einen bestimmten Quellenbestand konnte bedauerlicherweise nicht zugegriffen werden, was allerdings dem Umfang dieses Werkes keinen Abbruch tut: Die Rede ist von den Patientenakten aus den beiden Bezirkskliniken Lohr am Main und Werneck in Unterfranken. Die hiesigen Patientinnen und Patienten wurden in der NS-Zeit aufgrund ihrer Entmündigung von Angehörigen der Anwaltskanzlei Stern und Haas in der Würzburger Kaiserstraße vertreten. Die genannten Akten wurden allerdings im Entstehungsprozess dieses Buches an das Staatsarchiv Würzburg abgegeben und konnten dort noch nicht eingesehen werden.[9]

„Eine Zierde des ganzen Anwaltsstandes" – Dr. Otto Stern

Am 7. August 1847 wurde Otto Stern als fünftes von zehn Kindern[10] des Kaufmanns David (1812–1884) und dessen Frau Nanni Stern, geb. Ehrlich (1817–1903), in Steinach an der Fränkischen Saale geboren.[11] Damals lebten dort bereits rund 140 Jüdinnen und Juden.[12] Über Ottos Eltern ist nicht viel bekannt. Sein Großvater Löb musste am 1. Juli 1817 den für die Zukunft unveränderlichen Familiennamen „Stern" als „unmittelbarer Schutzjude" annehmen.[13] Die Familie von Ottos Mutter Nanni Stern stammte aus dem etwas mehr als zehn Kilometer entfernten und ebenfalls an der Fränkischen Saale gelegenen Kurort Bad Kissingen.[14] Die Eltern heirateten am 12. Juni 1838.[15] Otto und sein zwei Jahre jüngerer Bruder Saly wurden gemeinsam mit insgesamt sieben Jahrgangsstufen in einer Klasse an der jüdischen Volksschule Steinach unterrichtet.[16]

Doch schon 1860, also mit ungefähr dreizehn Jahren, kam der ältere Junge ohne seine Familie nach Würzburg.[17] Es ist anzunehmen, dass die Eltern ihren Sohn deshalb in die rund achtzig Kilometer entfernte Großstadt geschickt hatten, weil sie die überdurchschnittliche Leistungsfähigkeit ihres Kindes bemerkt hatten und ihm die besten Ausbildungsoptionen

ermöglichen wollten. Ohne die notwendigen finanziellen Mittel für diese Entscheidung wäre ein Umzug nach Würzburg jedoch undenkbar gewesen.
Nach dem Abschluss einer höheren Schule begann Otto im Alter von 19 Jahren in seiner neuen Wahlheimat ein Studium der Rechtswissenschaften. Dazu war er vom Wintersemester 1866 bis zum Sommersemester 1870 an der Universität Würzburg eingeschrieben.[18] 1866 trat er der Studentenverbindung Germania bei,[19] der er 1867 als Schriftwart diente.[20]
Am 19. September 1875 heiratete er die aus Bamberg stammende Lina Ney (1856–1934), wodurch beide das Heimatrecht für die Stadt am Main erlangten.[21]
Gemeinsam hatten sie drei Kinder: Franziska, Rosa und Bruno.[22]
Otto Sterns berufliche Karriere begann wie bei allen Rechtsanwälten des 19. Jahrhunderts als Rechtskonzipient.[23] Nach diesem auch als Referendariat bekannten Berufseinstieg und dem erfolgreichen Assessorexamen ließ sich das Ehepaar mit dem nun gewährten Heimatrecht in der Sanderstraße 16 nieder.[24]
Zu Beginn arbeitete Otto Stern ab Juni 1873 für vier Jahre als Rechtskonzipient in der Kanzlei des Advokaten Ferdinand Gerhard in Würzburg.[25] Dort leitete er zuletzt 1877 für mehrere Monate völlig autonom die gesamte Kanzlei, weil Gerhard an einer schweren Krankheit litt, die ihn arbeitsunfähig machte.[26]

Abb. 1: Dr. Otto Stern, undatiert

Als er verstarb, musste sich Otto Stern, nunmehr junger Familienvater – Franziska war gerade neun Monate alt –, einen neuen Arbeitgeber suchen.
Dies nahm gerade einmal weniger als zwei Monate in Anspruch, was dem allgemeinen Mangel an gut ausgebildeten Juristen in dieser Zeit geschuldet war.[27] Zum 1. August 1877 fand er schließlich eine Anstellung beim königlichen Advokaten Joseph Krampf, ebenfalls in Würzburg.[28] Dieser schätzte seinen Angestellten so sehr, dass er ihm in einem Zeugnis für die primäre Qualifikation durch das Bezirksgericht Würzburg kurzerhand in allen zu bewertenden Kriterien die Note 1 erteilte: Fähigkeiten, Kenntnisse, Geschäftsgewandtheit, Fleiß und mündlicher Ausdruck veranlassten den Advokaten dazu, Otto Stern ein „tadellos[es]" dienstliches wie außerdienstliches Betragen zu attestieren.[29] Außerdem war der Sachbearbeiter des Gerichts, der das Zeugnis erstellte, der Ansicht, „daß Otto Stern auch den höchsten Anforderungen, die man an einen Rechtsconcipienten stellen kann, nach allen Richtungen auf die vollkommenste Weise entspricht."[30]
Kurz darauf, etwa um 1878, zog die Familie an den Marktplatz 2 um, ehe sie 1882 eine Wohnung in der Herrengasse 10 bezog.[31] Am 25. September 1879 hatte Otto schließlich seine eigens beim Justizministerium beantragte Zulassung zum Rechtsanwalt beim

Landgericht Würzburg erhalten.[32] Die folgenden Jahre mochten wohl dazu gedient haben, mithilfe des nun sicheren Einkommens einen beträchtlichen Betrag beiseitezuschaffen. Schließlich kaufte Otto am 2. Dezember 1885 das Haus Nr. 29 in der Kaiserstraße, direkt gegenüber dem Kaisergärtchen und in unmittelbarer Nähe zum Bahnhof.

Für die vierstöckige Immobilie musste der Anwalt insgesamt 93 500 Mark aufbringen.[33] Nach einem Dreivierteljahr, am 1. August 1886, gründete er ebendort eine eigene Kanzlei.[34] Das Unternehmen betrieb er anfangs noch innerhalb der eigenen Wohnung. Doch als sich der Mandantenstamm langsam etabliert hatte und die Einkünfte in ihrer Regelmäßigkeit abschätzbar wurden, beschloss der junge Anwalt, ein ganzes Stockwerk innerhalb des Hauses zur Kanzlei umzufunktionieren. Zunächst allein, dann jedoch gelang es ihm mithilfe seines Neffen Gerson Haas und später seines Sohnes Bruno Stern, die Kanzlei zu einer der renommiertesten ihrer Art in ganz Würzburg zu machen. In den 1930er Jahren arbeiteten dort auf dem wirtschaftlichen Höhepunkt mehrere Referendare in Vorbereitung ihres Assessorexamens, außerdem vier Sekretärinnen und Sekretäre, eine Buchhalterin und eine Registraturhilfe.[35]

Neben der beruflichen Tätigkeit und seinen familiären Verpflichtungen – zwischenzeitlich war die

Abb. 2: Lina und Dr. Otto Stern vor dem Rückgebäude der Kanzlei in der Kaiserstraße 29 © Familienarchiv John Stern

Abb. 3: Das Gebäude in der Kaiserstraße um 1907
© Johanna-Stahl-Zentrum

Familie immerhin fünfköpfig – engagierte sich der Anwalt auch gesellschaftlich vielfältig. Für mehr als 25 Jahre war er zum Beispiel gewähltes Mitglied des Würzburger Stadtmagistrats beziehungsweise später des Stadtrates. 1914 erhielt er mitten in der Julikrise von König Ludwig III. in Würzburg den Orden vom Heiligen Michael IV. Klasse mit Krone – eine Auszeichnung, die nur denjenigen Untertanen zuteilwurde, die sich durch größtes Engagement und Anhänglichkeit zum Königreich auszeichneten.[36] Eine weitere Auszeichnung sollte ihm jedoch verwehrt bleiben.

Im Dezember 1917 beantragte Julius Ritter von Henle (1864–1944)[37] im Namen der Regierung von Unterfranken, dass man Otto Stern zum Geheimen Justizrat ernennen sollte.[38] Zuvor war ihm im Januar 1901 der Titel eines Justizrats verliehen worden.[39] Das neuerliche Schreiben aus Würzburg wurde im Innenministerium von Friedrich Ritter von Brettreich bearbeitet, der Henles Vorgänger in Unterfranken war.[40] Doch schon zwei Wochen später wurde der Antrag im Justizministerium aus formalen Gründen abgelehnt.[41] Welch hohes gesellschaftliches Ansehen und welche Beliebtheit Otto Stern in Würzburg genoss, zeigt eine Reihe von teils überschwänglichen Glückwunschschreiben zu seinem 70. Geburtstag. Sowohl der Präsident des königlichen Landgerichts Würzburg[42] als auch besagter Regierungspräsident Henle[43], ebenso die gesamte Gemeinde[44] und ein Würzburger Stadtmagistrat[45] gratulierten dem Jubilar.

Doch aller gesellschaftliche Rückhalt bewahrte auch Otto Stern und viele derjenigen Juden, die sich wie sein Sohn im Krieg verdient gemacht hatten, nicht vor der antisemitischen Welle der unmittelbaren Nachkriegszeit, die auch Würzburg erfasste. Nachdem ein Vertreter des „Volksvereins für das katholische Deutschland“[46] auf einer Veranstaltung im November 1918 die Juden als eine „Rasse“ und „Clique“ bezeichnet hatte, gegen deren Herrschaft sich das „christliche

Volk" zu wehren hätte, versuchte Otto Stern – leider ohne Erfolg – gegen diese Tendenzen vorzugehen.[47] Dies verwundert ob der allgemeinen Beliebtheit des Politikers und Bürgers, der einen hohen Bekanntheitsgrad innerhalb der Stadt genoss. Der *Würzburger Generalanzeiger* berichtete in einem Nachruf 1924, dass Otto Stern „weitaus die meisten aller in Würzburg für einen Kandidaten abgegebenen Stimmen" erhalten habe.[48]
Auch innerhalb der jüdischen Gemeinde ließ man dem betagten Anwalt größten Respekt zuteilwerden. Als allseits respektierter Vertreter des liberalen Judentums durfte er im April 1919 beispielsweise auf der Beerdigung des orthodoxen Rabbiners Nathan Bamberger im zwischenzeitlich 36. Jahr seiner Amtszeit im Vorstand der Israelitischen Kultusgemeinde eine Grabrede halten.[49] Vermutlich aus Altersgründen gab er sein Amt als Vorsitzender jedoch nur zwei Monate später auf, was den Platz für den vorletzten Vorsitzenden der Israelitischen Kultusgemeinde vor der Auflösung durch die Nationalsozialisten freimachte: seinen Neffen, den ebenfalls liberalen Gerson Haas.[50] Dies spiegelte einerseits die Kompromissbereitschaft der modernen Würzburger Orthodoxie wider, einem Vertreter des liberalen Judentums ihr Vertrauen auszusprechen, andererseits wird hier jedoch auch das Prinzip gewahrt, den Posten des Gemeindevorstands

einem Juristen zu überantworten, wovon sich unter den Liberalen gleich mehrere, unter den Orthodoxen gar keine finden ließen.[51]

Seine Nachfolger in der Kanzlei, Bruno und Gerson, führten den Betrieb nach seinem Tod bis zur Zwangsauflösung durch die Nationalsozialisten 1938 fort. Otto Stern blieb es erspart, diese Demütigung miterleben zu müssen. Er starb am 8. Dezember 1924 im Alter von 77 Jahren und wurde auf dem Würzburger

Abb. 4: Grabstein von Lina und Dr. Otto Stern auf dem Würzburger Friedhof, vor 1945 © Familienarchiv John Stern

jüdischen Friedhof bestattet. Elf Jahre später begrub man dort auch Lina Stern neben ihrem Ehemann.[52] Der Schriftsteller Leonhard Frank setzte dem populären Würzburger Anwalt ein literarisches Denkmal.[53] In seinem Werk „Die Räuberbande“ dichtete er dem Rechtsanwalt Karfunkelstein ebenjene Eigenschaften an, die er bei Otto Stern zu erkennen glaubte. Eine entsprechende Stelle im Roman gibt wieder, wie der Schriftsteller den Rechtsanwalt wahrnahm:

„Da erhob sich der Verteidiger, Rechtsanwalt Karfunkelstein, ein kleiner Mann. Bei dem Anfangswort jeden Satzes heftig mit dem Zeigefinger vor sich auf den Boden stechend, als ob dort alles abzulesen wäre, und ohne jemals den Blick von dieser Stelle zu erheben, hub er an zu reden, eine lange Rede: ‚Hoher Gerichtshof! Gehen Sie mit mir die ganze Strafsache durch. Von Anfang bis zu Ende. Darum bitte ich Sie. Dann kann es nimmermehr geschehen, ja es darf und es wird nicht eintreten, daß Sie zu einer harten Verurteilung der Angeklagten kommen.‘“[54]

Ehrenvorsitzender der jüdischen Gemeinde – Dr. Gerson Haas

Der Übernahme der Kanzlei war vorausgegangen, dass beide Männer – also sowohl Bruno Stern als auch Gerson Haas – ebenfalls ein Abitur, ein erstes und zweites juristisches Staatsexamen und eine vorangegangene Tätigkeit in der Kanzlei des Verwandten vorzuweisen hatten. Im Folgenden seien deshalb der schulische und weitere Lebensweg der zweiten und am Rande auch der dritten Generation von Anwälten in der Familie Stern und Haas vorgestellt. Aus Altersgründen, war doch der Neffe Otto Sterns immerhin neun Jahre älter als der Sohn Bruno, soll nun zunächst mit Gerson Haas fortgefahren werden.

Abb. 5: Otto Sterns Schwester Rosa Haas, Gersons Mutter, undatiert © Stadtarchiv Würzburg

Er wurde am 18. März 1871 im mittelfränkischen Welbhausen geboren. Sein Vater war der dortige Distriktsrabbiner Dr. David

Hirsch Haas (1834–1878),[55] der von 1852 bis 1858 in Würzburg studiert hatte. Die rabbinische Ausbildung vermittelte ihm in dieser Zeit Seligmann Bär Bamberger.[56] Seinen Amtsbezirk verwaltete Haas zuletzt von Uffenheim aus. Er verstarb, als Gerson gerade einmal sieben Jahre alt war.[57]

Der älteste Bruder Albert Haas war zu diesem Zeitpunkt fast 15 Jahre alt. Neben den beiden Brüdern gab es – im Alter dazwischenliegend – die drei Schwestern Bertha, Gitta und Fanni sowie den Bruder Louis. Nach dem Tod des Vaters zog dessen Witwe Rosa Haas, die Schwester von Otto Stern, mit den Kindern nach Würzburg.[58] Gerson besuchte zunächst eine Volksschule und später ein Gymnasium. Mit der allgemeinen Hochschulreife begann er sein Jurastudium in Würzburg, studierte aber auch in Leipzig und Heidelberg.[59] Am 3. August 1899 wurde der Rechtsanwalt schließlich an der Ruprecht-Karls-Universität in Heidelberg zum Doctoris summos in utroque iure honores promoviert.[60] Sein Doktorvater war der berühmte österreichische Rechtspositivist, Staatsrechtler und liberale Jude Prof. Dr. Georg Jellinek (1851–1911), Ordinarius für allgemeines Staatsrecht und Völkerrecht, der einige Jahre später der erste jüdische Rektor derselben Universität werden sollte.[61]

Um 1897 ließ er sich als Anwalt in Würzburg nieder, wo er seit der Hochzeit 1900 das Bürgerrecht und das

Abb. 6: Charlotte und Gerson Haas bei ihrer Hochzeit in Bingen/Rhein, 1900 © Stadtarchiv Würzburg

Heimatrecht besaß.[62] Noch vor seinem 30. Geburtstag heiratete er Amalia Charlotte Gümbel aus Bingen am Rhein, wo deren Familie seit vielen Jahren im Weinhandel tätig war. Das Ehepaar bekam drei Kinder, die älteste Tochter Paula, die 1932 mit gerade einmal 30 Jahren verstarb, sowie deren Geschwister Lotte und Otto Ernst, die 1939 beide das lebensrettende Exil Großbritannien erreichten.[63]

Gerson Haas stieg zunächst als erster Partner in die Gemeinschaftskanzlei seines Onkels in der Kaiser-

Abb. 7: Amalie Haas, Ruth Schwab, Gerson Haas und Bertha Cohen, undatiert © Stadtarchiv Würzburg, NL Alfred Otto Haas

straße 29 ein. Um 1925 wurde er zum Justizrat ernannt, was allerdings – wie schon bei seinem Onkel – lediglich eine Ehrentitulatur und keine Amtsbezeichnung war.[64] Von 1918 bis 1933 war er gewähltes Mitglied im Vorstand der Anwaltskammer des Oberlandesgerichtsbezirks Bamberg.[65] Er engagierte sich ebenso wie sein Onkel in der jüdischen Gemeinde in Würzburg. Dort galt er als Wortführer der liberalen Minderheit und war ab 1918 Vorsitzender der Israelitischen Kultusgemeinde Würzburg.[66] Etwa zeitgleich war er Vorsitzender der „Israelitischen Kranken- und Pfründnerhausstiftung“ und seit deren Gründung Vizepräsident der Tagung des Verbandes bayerischer israelitischer Gemeinden.[67] Außerdem engagierte er sich in zahlreichen sozial-karitativen Vereinigungen, wie beispielsweise dem „Jüdischen Winterhilfswerk“, das nach seiner Gründung 1933 rund einem Fünftel, kurz vor Gersons Tod sogar rund einem Viertel, der noch hier lebenden Juden mit Geld-, Essens- und Kohlespenden über die kalte Jahreszeit hinweghalf.[68] Während seiner Anwaltstätigkeit war er ständiger Vertreter des Reichs- und Landesfiskus sowie Verbandsanwalt des unterfränkischen Weinhändlerverbandes.[69] Während der gesamten Zwischenkriegszeit waren einzelne Angehörige der jüdischen Gemeinde oder auch die gesamte Gemeinde als solche immer wieder antisemitischer Ausgrenzung ausgesetzt. So machte es sich zum Beispiel der „Deutschvölkische Schutz- und Trutzbund“ zur unseligen Mission, die Mehlversorgung der Juden zur Herstellung von Mazzot zu torpedieren, da diese rituelle Form des Brotbackens in Zeiten allgemeiner Lebensmittelknappheit unnötig wäre,[70] und forderte die Herausgabe der Gebäcke für die „darm- und magenkranke deutsche Bevölkerung“[71] Würzburgs. Gerson Haas war über die antisemitische Hetze derartig entrüstet, dass er ein Gespräch mit Regierungspräsident Henle vereinbarte, das allerdings keine positiven Konsequenzen nach sich zog.[72] An anderer Stelle reagierte der höchste Regierungsbeamte zwar, jedoch in wenig erfreulicher Form. Als um die Jahreswende 1922/23 mehrere Veranstaltungen der antisemitischen Agitatorin Andrea Ellendt (1890–1931), einer Angehörigen des „Schutz- und Trutzbundes", für Aufsehen und Erregung unter den Angehörigen der Kultusgemeinde gesorgt hatte, reagierte Henle auf ein diesbezügliches Schreiben mit Machtlosigkeit im Spiegel des Gesetzes und empfahl den Jüdinnen und Juden, nicht durch öffentlichkeitswirksame Aktionen noch mehr Öl ins Feuer zu gießen, sondern sich stattdessen unauffällig zu verhalten.[73] Gerson Haas tat exakt das Gegenteil und beschloss, gemeinsam mit seinem Rechtsanwaltskollegen Karl Rosenthal (1879–1970) Anzeige gegen die Frau zu erstatten.[74] Doch schon nach kurzer Zeit musste der Prozess mangels belastbarer Zeugenaussagen fallengelassen werden. Die Angeklagte wurde freigesprochen.[75] Noch extremer verhielt sich der Rechtsstaat, als es 1930 zum sogenannten Habima-Skandal kam, auf den im Rahmen dieser Miniatur lediglich verwiesen werden kann.[76]

Ein weiteres großes Ärgernis war für Gerson Haas der in den Jahren vor der Regierungsübernahme durch die Nationalsozialisten zum Teil ebenso vorhandene Deutschnationalismus seiner Glaubensbrüder und

-schwestern.[77] Dabei hatte sich seine eigene Meinung zum Thema der ostjüdischen Zuwanderung erst seit den 1920er Jahren radikal gewandelt. War er anfangs noch entschiedener Gegner der Unterstützung dieser Immigranten zum vermeintlichen Nachteil der ansässigen Juden gewesen,[78] besuchte er später sogar die ostjüdischen Gottesdienste und bewies damit, dass er das Fremde erst kennenlernen musste, ehe er Akzeptanz zeigen konnte.[79]

Als dann ab 1933 mehr und mehr Jüdinnen und Juden ins Ausland flüchteten, hielt er einigen von ihnen entgegen, sie mögen doch wenigstens die Sprache des Ziellandes beherrschen und einen Beruf erlernt haben, der dort ebenfalls gebraucht würde, damit sie nach ersten Unterstützungsphasen durch die dortigen Gemeinden nicht „plan- und mittellos" umherzögen.[80] Entgegen den Gemeindevorsitzenden von Bamberg, Frankfurt am Main, Nürnberg und München hielt Gerson Haas Anfang der 1930er Jahre den zionistischen Bestrebungen, das „Heilige Land" in Palästina aufzubauen, entgegen, dass bei der finanziell schwachen Aufstellung der Juden in Deutschland zunächst eine Verbesserung der hiesigen Situation notwendig wäre. Die Gemeinde stimmte dem Vorsitzenden mehrheitlich zu.[81]

Allen Widrigkeiten durch das NS-Regime zum Trotz behielt Gerson Haas sein Amt als allseits beliebter

Liberaler im Vorstand einer mehrheitlich orthodoxen Gemeinde – neben zahlreichen weiteren Ehrenämtern – bis auf wenige Monate vor dem Tod seiner Frau 1939 inne, ehe er aus gesundheitlichen Gründen zurücktrat.[82] Die Gemeinde bedankte sich in einem berührenden Schreiben bei ihm und ernannte ihn zuletzt zum „Ehrenvorsitzenden": „Sie haben zwei Jahrzehnte hindurch die Israelitische Kultusgemeinde Würzburg zur Bewunderung ihrer Mitglieder nach innen und außen vertreten, sodass durch Ihren Rücktritt eine unersetzliche Lücke entstehen wird. Ganz besonders haben Sie sich durch Ihr vornehmes und gerechtes Wesen, durch Ihre vorbildliche Toleranz und Ihr warmes Herz für die Notleidenden ein dauerndes Andenken gesichert."[83] Nur drei Monate nach Charlotte Haas starb Gerson am 12. Februar 1940 in Würzburg. Er wurde neben ihr auf dem jüdischen Friedhof in Würzburg beigesetzt.[84]

Beinahe Oberbürgermeister von Würzburg – Dr. Bruno Stern

Gersons Vetter Bruno Stern wurde am 28. April 1880 als jüngstes der drei Kinder Otto und Lina Sterns in Würzburg geboren. Nachdem Rosa Stern bereits in Brunos siebtem Lebensjahr verstorben war, wuchs er nur noch mit seiner dreieinhalb Jahre älteren Schwester Franziska in Würzburg auf, wo sich seine Eltern erst fünf Jahre vor seiner Geburt niedergelassen hatten.[85]

Abb. 8: Franziska Morgenstern, geb. Stern, Brunos Schwester, undatiert © John Stern Familienarchiv

In der großen Familienwohnung im 1. Stock der Kaiserstraße 29 befand sich zunächst für einige Jahre auch die Kanzlei des Vaters Otto Stern. Und so verwundert es nicht, dass auch Bruno Stern nach dem Abitur am

Neuen Gymnasium in Würzburg und dem anschließenden Militärdienst in die Fußstapfen seines Vaters trat und vom Sommersemester 1899 bis zum Sommersemester 1902 an seinem Heimatort Jura studierte.[86] Bis zum Abschluss des Promotionsstudiums hatte er dabei auch die Universitäten Berlin und München im Zuge längerer Aufenthalte kennengelernt.[87] Judenfeindliche Ausgrenzungen blieben ihm während dieser Zeit nicht erspart. So trat sein Vater Otto Stern kurz vor der Jahrhundertwende aus der Burschenschaft Germania aus, weil man sich dort weigerte, seinen Sohn aufgrund der Religionszugehörigkeit aufzunehmen.[88]

Abb. 9: Bruno Stern, 1902
© Fotoatelier Georg Glock, Würzburg

1906 ließ sich Dr. Bruno Stern als Anwalt in Würzburg nieder, nachdem er vom dortigen Landgericht als Rechtsanwalt zugelassen worden war.[89] Nach seinem Vetter Gerson stieg er nun also als dritter Anwalt in die Gemeinschaftskanzlei in der Kaiserstraße ein.
Im selben Jahr heiratete er Frida Hellmann, die als stellvertretende Vorsitzende des Israelitischen Frauenvereins[90] zuständig für soziale Arbeit und demnach um die mittellosen und arbeitssuchenden Gemeindemitglieder bemüht war. Auch sonst engagierte sie sich vielseitig. So vertrat sie beispielsweise die Auffassung, man könne alten, hilfsbedürftigen Menschen auch abseits ihrer jeweiligen Religion in einem gemeinsamen, paritätischen Altersheim die notwendige Unterstützung zukommen lassen. Zudem war sie stellvertretende Vorsitzende im jüdischen Frauenbund und Mitglied im Vorstand des Paritätischen Wohlfahrtsverbandes.[91] Seit dem Ersten Weltkrieg engagierte sie sich im Würzburger Roten Kreuz, zuletzt sogar in dessen Vorstand.[92]
Das Ehepaar Stern hatte drei Kinder: Franz Otto, Wilhelm und Ernst Georg.[93] Während Dr. Franz Otto Stern eine Karriere als Gynäkologe verfolgte[94] und Ernst Georg sogar Professor für Architektur in Blacksburg, Virginia, wurde,[95] folgte Wilhelm Bernhard seinem Vater und Großvater in die Juristerei. Ihm gelang die Emigration in die USA während der NS-Zeit,

Abb. 10: Bruno Stern erholt sich vom Weltkrieg, gepflegt durch seine Ehefrau „Schwester Frida" © Familienarchiv John Stern

wobei er dort nicht mehr im eigentlichen Sinne als Anwalt tätig sein konnte. Er wurde Rechtsbibliothekar, war beruflich intensiv vernetzt und blieb seiner fachlichen Leidenschaft stets treu. Am 27. September 1972 starb er im Alter von nur 64 Jahren.[96] Der Nachwelt blieb er als stets gut gekleideter, hochintelligenter, polyglotter, ernsthafter und zuverlässiger Mensch in Erinnerung, der ein einmal angefangenes Projekt stets zu Ende führte.[97]

Abb. 11: Wilhelm, Franz und Georg Stern mit Cousine Heidi Valentin, 1915 © Atelier Frankonia Würzburg

Seine Eltern verließen Deutschland erst wesentlich später als ihre drei Söhne, gerade noch rechtzeitig und in unmittelbarer Folge der Novemberpogrome von 1938. Doch dieser dramatischen Entwicklung ging eine Vielzahl von Ereignissen voraus, deren Beschreibung notwendig ist, um spätere Empfindungen der Protagonisten nachvollziehen zu können. 1915 wurde Bruno Stern als Soldat in die Reichswehr eingezogen. Damit folgte er einem Beispiel, dem auch zahlreiche andere Juden in Deutschland gefolgt waren,[98] nämlich der primären Identifikation mit der eigenen Nation. Man könnte dementsprechend postulieren, liberal gesinnte Zeitgenossen wie Bruno Stern, die sich aktiv am Ersten Weltkrieg beteiligt hatten, sahen sich in dieser Zeit zuerst als Deutsche und nur untergeordnet als Juden.[99]

Nach militärischen Einsätzen in Frankreich und Rumänien verließ der Rechtsanwalt das Militär 1918 im Range eines Oberleutnants mit einer Vielzahl von Auszeichnungen, unter anderem dem Eisernen Kreuz

Abb. 12: Bruno Stern im Zentrum seiner Weltkriegseinheit (mittlere Reihe, 4. von links) © Atelier Gebr. Haaren, Würzburg

I. und II. Klasse, dem Bayerischen Militärverdienstorden, dem Verwundetenabzeichen und dem Ehrenkreuz.[100] Für diese Phase seines Lebens bezeugt ein eindrucksvoller Brief an Stern aus dem Mai 1933 – also kurz nach den ersten Berufsverboten gegen jüdische Rechtsanwälte – wie beliebt er als Kompaniekommandant gewesen sein muss. Julius Wenzel, nach dem Krieg wohnhaft in Aschaffenburg, schrieb dem Rechtsanwalt: „Auch als Komp. Führer taten Sie Ihre Pflicht. Sie taten alles, was in Ihren Kräften stand. Immer war Ihnen das Wohl des einzelnen Mannes im Auge. Auch für den Missetäter hatten Sie ein freundliches Wort und Sie versuchten, die ihm drohende Strafe nach Möglichkeit zu mildern."[101] Grund für dieses fast schon überschwängliche Lob war Bruno Sterns Sorge um den im Krieg schwer Verletzten, der den Rest seines Lebens mit einer körperlichen Behinderung leben musste. „Darum werde ich einem jeden, der es wünscht, für Sie Rede und Antwort stehen. Es würde mich freuen, wenn meine Zeilen Ihnen helfen würden, die Ihnen angetane Missachtung in Erinnerung an die gemeinschaftliche Kriegszeit vergessen zu lassen."[102]

Doch auch Frida Stern hatte sich durch ihren engagierten Einsatz während des Krieges verdient gemacht und erhielt in der Folge das König-Ludwig-Kreuz[103], eine speziell dafür von Ludwig III. (1845–1921)

Abb. 13: Bruno Stern, 1926
© Atelier R. Gundermann, Würzburg

gestiftete Ehrenbekundung. In der Nachkriegszeit war Bruno Stern nach seiner Rückkehr nach Würzburg wie seine Frau Frida ehrenamtlich tätig, so zum Beispiel als Mitglied der Deutschen Demokratischen Partei (DDP), mit der er 1919 zunächst vergeblich für den Stadtrat kandidierte.[104] Zehn Jahre später, er war zwischenzeitlich zweiter Schriftführer der Ortsgruppe und Mitglied des Landesausschusses der Partei, war er mit seiner Kandidatur erfolgreich und gehörte dem Gremium bis zur Auflösung durch den NS-Staat an.[105] Dieser Entwicklung ging jedoch eine intensive Debatte voraus, denn ursprünglich wollte Bruno Stern 1932 gar nicht mehr für das Amt kandidieren,[106] das bereits sein Vater, aber auch sein Schwiegervater Bernhard Hellmann (1852–1907)[107] bekleidet hatten. Als jedoch klar wurde, dass über die Zeit der Weimarer Republik sämtliche Juden den Stadtrat verlassen hatten, entschied sich die jüdische Gemeinde, auf den Rechtsanwalt einzuwirken. Denn dem einzigen jüdischen Kandidaten, der ebenfalls für die DDP kandidieren wollte und der 1932 noch zur Wahl stand, dem Orthodoxen Julius Reiss (1888–1973), traute man aufgrund seiner strengeren Religiosität keinen Wahlsieg zu. So überredeten Gerson Haas und einige weitere Gemeindevorstandsmitglieder Bruno Stern, doch noch einmal anzutreten. Das Verhältnis zwischen Stern und Reiss war daraufhin nachhaltig getrübt.[108] Bis zu dieser Zeit war die DDP diejenige Partei, in der sich mit großem Abstand die meisten jüdischen Mitglieder engagierten. Gleichzeitig blieb die Würzburger Stadtverwaltung dank des ebenfalls der DDP angehörenden Oberbürgermeisters Hans Löffler (1872–1955) – zumindest in ihrem öffentlichen Auftreten – frei von jeglichem Antisemitismus.[109]

1920 erhielt auch Bruno Stern den Ehrentitel eines Justizrats, wie schon sein Vater und sein Vetter vor ihm.[110] Und auch abseits der parlamentarischen Kommunalpolitik war der Anwalt auf unterschiedliche Art und Weise aktiv. Er war Mitglied des Verschönerungsvereins Würzburg und wurde einer der Mitbegründer des Jüdischen Selbstschutzes[111] gegen die zunehmenden antijüdischen Ausschreitungen in Folge des bereits erwähnten Habima-Skandals.[112] Im Mai 1933 kam es auf Druck der NSDAP zu zahlreichen Auftragsstornierungen seitens öffentlicher oder behördlicher Einrichtungen.

Die Kanzlei von Bruno Stern und Gerson Haas verlor somit auf einen Schlag die bis dato lukrativen Aufträge der Regierung von Unterfranken, des Landesfinanzamtes Würzburg sowie der Julius-Maximilians-Universität Würzburg.[113] Bruno wurde von der neuen Regierung von Mainfranken auf die Liste der jüdischen Rechtsanwälte gesetzt, was ihm zumindest ermöglichte, weiterhin jüdische Mandanten zu vertreten, auch wenn Gerichtsprozesse gegen Jüdinnen und Juden einer Farce gleichkamen.[114]

Auch vor dem Novemberpogrom von 1938 war Bruno Stern längst klar, dass die Nationalsozialisten in ihrer Judenfeindschaft nicht allzu lange auf Gewalt verzichten würden. So empfahl er einem amerikanischen Gast, dem einundzwanzigjährigen Studenten Robert Harlan, der zuvor von William Stern gebeten wurde, auf der bevorstehenden Deutschlandreise nach seinen Eltern zu sehen, Ende August 1938: „Herr Harlan, wir sind Juden. Die aktuelle Regierung ist dem jüdischen Volk gegenüber nicht wohlgesonnen. Vielleicht wäre es besser, wenn Sie direkt weiterzögen."[115]

Doch der Gast blieb für insgesamt zehn Tage, bis zum 7. September. Frida Stern brachte dem Amerikaner in dieser Zeit etwas Deutsch bei, während Bruno seine freien Abende nutzte, um mit Robert über allerlei Dinge zu diskutieren. Dabei bemerkte der Student: „Herr Doktor Stern, der sich über seine Rechtskenntnisse hinaus noch in zahlreichen anderen Feldern bestens auskannte, war stets in der Lage, Johann Wolfgang von Goethe zu zitieren, ganz gleich, ob die Situation es gerade hergab oder nicht. Sein Französisch war exzellent und immer, wenn er versuchte, ein wenig Englisch zu sprechen, kam letztlich doch nur Französisch dabei heraus."[116]

Abb. 14: Das Haus der Sterns am Mittleren Dallenbergweg 8, Würzburg 1932 © Familienarchiv John Stern

Bei einem späteren Besuch in Würzburg bat das Ehepaar den Amerikaner, eine weitere Nacht in ihrem Sommerhaus am Mittleren Dallenbergweg 8 zu verbringen. Dort erzählte ihm Frida, dass sie das Anwesen in der Kaiserstraße 29 vier Tage zuvor verkaufen mussten. Robert kommentierte die Situation Jahre später folgendermaßen: „Noch immer können sie nicht mehr lächeln."[117] Nachdem Robert nach Marburg abgereist war, erhielt er am Tag nach der „Reichskristallnacht" ein Telegramm von Bruno Stern, das dieser kurz vor seiner Verhaftung durch die

Gestapo abgeschickt hatte. Darin stand lediglich: „Bitte kommen Sie umgehend zu Williams Mutter“.[118] Ohne zu zögern, wenngleich etwas ahnungslos, konnte er die Ereignisse damals doch noch nicht einordnen, reiste Robert unmittelbar im Anschluss nach Würzburg, wo er die Wohnung der Familie in einem völlig zerstörten Zustand vorfand. Tische mit nur drei Beinen lagen umgestürzt am Boden, überall fanden sich zerschlagene Glasscheiben und Spiegel, Bücher waren durch die Wohnung geworfen worden, Bilder fanden sich aus den Rahmen genommen und zerrissen, Geschirr und Gläser lagen zerschlagen am Boden. Nach einer Nacht in der zerstörten Wohnung begannen Robert, Frida Stern und die Haushälterin am nächsten Morgen mit den Aufräumarbeiten. Zur Seite standen ihnen nichtjüdische Arbeiter, die gegen doppelten Stundenlohn mitanpackten.

Was erhalten geblieben war, räumte man in Transportkisten für die bevorstehende Ausreise in die USA.[119] In diesen Tagen lernte Robert auch Gerson Haas kennen, den er als viel älteren Mann als Bruno Stern wahrnahm. Die neun Jahre Altersunterschied fielen ihm offensichtlich genau auf. Haas war in der Lage, Frida Stern und die anderen Anwesenden zu beruhigen, denn für sie und Bruno Stern gab es gute Aussichten auf eine baldige Emigration in die USA. Sein eigenes Schicksal stufte der Justizrat hingegen als hoffnungslos ein: „Wenigstens“, soll er geseufzt haben, „die Sterns haben die Hoffnung, nach Amerika auswandern zu können – doch was bleibt mir?“[120] Doch zu diesem Zeitpunkt befand sich Bruno Stern noch in Gefangenschaft und die Ausreiseperspektiven waren alles andere als positiv.

Abb. 15: Das Ehepaar Stern mit den drei Söhnen vor deren Emigration © Familienarchiv John Stern

Die Gestapo hatte mit den Ausreisewünschen des Internierten keinerlei Probleme.[121] Die mit der Ausreise verbundene „Reichsfluchtsteuer“ wurde anhand des

Privatvermögens des Emigrationswilligen berechnet. Bereits Ende Oktober 1938 hatte Bruno eine „Reichsfluchtsteuersicherheit" in Höhe von 68 000 Reichsmark vorweisen müssen.[122] Während der Vernehmung durch die Gestapo gab er an, über 200 000 Reichsmark Vermögen zu verfügen.[123] Letztlich bezahlte Bruno für sich und seine Frau Frida eine Summe von 100 500 Reichsmark, um das Land verlassen zu dürfen.[124]

Vor und nach seiner Verhaftung half Bruno Stern als Anwalt gemeinsam mit Gerson Haas seinen Glaubensbrüdern und -schwestern, die unter Denunziation, Arisierung und Verhaftungen durch die Gestapo zu leiden hatten.[125] E. George Stern gab später an, dass sein Vater Deutschland niemals verlassen hätte, selbst wenn man ihn zum Straßenfegen gezwungen hätte.[126] Dasselbe Vaterland, dem er jahrelang in Uniform gedient hatte, hatte ihn nun so grausam deklassiert. Gerade dieses psychische Dilemma fiel dem jungen Amerikaner Robert Harlan auf, der am Gesichtsausdruck des blassen, ausgezehrten Anwaltes zu erkennen glaubte, dass dieser sich schlussendlich mit dem Gedanken der Emigration abgefunden hatte – jedoch unter Aufgabe seiner Lebensfreude.[127] Ende 1938 erhielt das Ehepaar eine Nachricht vom britischen Konsulat, dass die Reisevisa bereitlägen. Der Ausreise stand nichts mehr im Weg.[128]

Nach der Überfahrt in die USA lebte das Ehepaar Stern zunächst in einem Haus in der Irvin Avenue in State College, Pennsylvania.[129] Dort konnte Bruno aufgrund der sich grundlegend unterscheidenden Rechtssysteme nie mehr Fuß in seinem Fach fassen. Auch das Angebot zum Forschen in der Bibliothek, das man ihm aufrichtig angeboten hatte, nahm er nie an – er saß keinen einzigen Tag in der Rechtsbibliothek. Sein Sohn E. George, der ihn nach ihrem ersten Aufeinandertreffen genau musterte, erkannte in ihm einen gebrochenen Mann.

Das einzige Freudespendende schien der Garten zu sein, den er und Frida hegten und pflegten und der die Söhne an den Garten des Sommerhauses in Würzburg erinnerte.[130] Und so kam es, dass Bruno Stern 1950 als Berufsbezeichnung „Feinbäcker" angab, da er und Frida sich fortan damit beschäftigten, „Party Refreshments" für universitäre Veranstaltungen und andere Gebäcke herzustellen.[131] Die Rezepte hatte das Ehepaar sich in den Würzburger Jahren von ihrer Köchin abgeguckt. An Weihnachten erhielten ihre amerikanischen Freunde stets Plätzchen und andere Leckereien, worüber sich vor allem Robert Harlan und seine Familie sehr freuten.[132] Und auch am öffentlichen Leben teilzunehmen, war dem Ehepaar in Amerika wieder wichtig geworden. So sprach Frida Stern an einem Juniabend im Jahr 1944 in der Cafeteria

Abb. 16: Bruno und Frida Stern bei der Gartenarbeit, undatiert
© Familienarchiv John Stern

des Colleges über Deutschland in der unmittelbaren Nachkriegszeit des Ersten Weltkriegs.[133]

In den Nachkriegsjahren des Zweiten Weltkriegs unterstützte das Ehepaar Stern seine einstigen Angestellten in Deutschland mit Spenden. Vor allem die

Abb. 17: Frida und Bruno Stern mit ihrem Fluchthelfer Robert Harlan, undatiert © Familienarchiv John Stern

Köchin, die Haushälterin Anna und ein ehemaliger Schreiber in der Kanzlei erhielten hier mehrfach Beistand von den Emigrierten.[134] Im Wiedergutmachungsverfahren gab Bruno Stern seinem Rechtsvertreter Anton Müller[135], einem engen Freund aus Würzburger Tagen, schriftlich Instruktionen, die dieser auch umsetzte. Trotz seiner fachlichen Kompetenz und der Tatsache, dass er weiterhin den Ehrentitel

des Justizrats und den akademischen Doktortitel führte, nannte man ihn im Verfahren bisweilen nur den „Bäcker Bruno Stern".[136]
Die Familie erhielt entsprechende Anteile ihres Vermögens zurück.[137] Auch eine Rente erhielt Bruno Stern zuletzt vom deutschen Staat.[138] Unmittelbar nachdem die Amerikaner die Kommunalverwaltung in Würzburg übernommen hatten und der erste Nachkriegsbürgermeister, einer Verwaltungsreform geschuldet, das Amt niederlegte, fragte der frühere Oberbürgermeister Löffler seinen einstigen Parteikollegen Stern, ob er nicht nach Würzburg zurückkehren möge, um für das Amt des Oberbürgermeisters zur Verfügung zu stehen, was Bruno jedoch aus unbekannten Gründen ablehnte.[139] Sein Sohn E. George schrieb über den Vater, dass sein Leben ruiniert war. „Doch es hätte schlimmer kommen können."[140]
Im Sommer 1957 starben Frida und Bruno Stern in State College nur wenige Monate nacheinander.[141] Sie wurden auf dem jüdischen Friedhof in Bellefonte, Pennsylvania, beigesetzt.[142] Zwei Jahre nach ihrer Emigration schrieb Frida Stern auf einen Brief Brunos an Robert Harlan: „Ich versuche die Heimat zu vergessen und genieße das Leben hier."[143] Insgesamt 18 Jahre lang war dem Ehepaar dieses „Glück" vergönnt.

Abb. 18: Frida Stern in ihrem neuen Heim, undatiert
© Familienarchiv John Stern

Abschließende Bemerkungen

Die Familienbiographie Stern und Haas kennt noch unzählige Kapitel, die hier nicht erzählt werden können. Sie alle würden jedoch den Eindruck einer aufsteigenden jüdischen Anwaltsfamilie stützen, der schon bei der Lektüre dieser wenigen Seiten entsteht. Vom Ende her betrachtet hat die Familie eine grausame, wenn auch für Jüdinnen und Juden in der NS-Zeit bedauernswerterweise „typische" Erzählung zu vermitteln. Wenn die ökonomischen Verhältnisse stimmten und sich rechtzeitig für eine Emigration entschieden wurde, stand den Fluchtwilligen im Ausland eine zweite Chance, aber auch ein fremdbestimmtes, hartes und bisweilen trostloses Leben bevor.

An das Schicksal der Überlebenden erinnert heute im Würzburger Kaisergärtchen – direkt gegenüber der einstigen Kanzlei von Otto Stern, Gerson Haas und Bruno Stern – eine Stele an sämtliche jüdischen Geschäftstreibenden in der einst so prachtvollen Einfallstraße der Stadt am Main. Sie entstand auf Wunsch der beiden Enkel Brunos und Gersons, John Stern und Michael Haas. Realisiert wurde das Projekt durch das Team des Johanna-Stahl-Zentrums und die ehemalige Stadträtin Benita Stolz sowie den Künstler Matthias Braun. Bei der Eröffnung sprach unter

Abb. 19: John Stern und Michael Haas bei der Einweihung der Kaiserstraßen-Stele in Würzburg, 2018
© Johanna-Stahl-Zentrum

anderen Oberbürgermeister Christian Schuchardt. Eine entsprechende Gedenkveranstaltung fand im Max-Stern-Keller der Juristischen Fakultät statt. Alle Institutionen, in denen die Anwälte Stern und Haas einst so erfolgreich gewirkt hatten und aus denen Sie unbarmherzig verjagt worden waren, standen und stehen heute hinter ihnen.

Danksagung

Das vorliegende Bändchen hätte ohne die Mithilfe einer ganzen Reihe von Menschen nicht entstehen können. Zunächst bedanke ich mich bei Dr. Ludwig Spaenle, der seinen Posten als bayerischer Antisemitismus-Beauftragter bestens bekleidet, für sein Vorwort. Er ordnet das Schicksal der jüdischen Juristenfamilie Stern und Haas nicht nur fachmännisch historisch ein, sondern setzt es auch in Bezug zum gegenwärtigen Antisemitismus. Freilich danke ich auch und ganz besonders John Stern und Michael Haas für die Übermittlung von Quellen aus den Sammlungen der Familie. Derart persönliche Dokumente bereichern jede Erzählung. Ferner gebührt mein Dank den Mitarbeiterinnen und Mitarbeitern aller Archive, deren Material ich nutzen durfte. Hier seien stellvertretend Dr. Alexander Wolz für das Würzburger Staatsarchiv und Dr. Axel Metz für das Würzburger Stadtarchiv genannt. Benita Stolz vom Würzburger Arbeitskreis Stolpersteine gilt der besondere Dank dafür, den Stein des Erinnerns im Falle der Familien Stern und Haas überhaupt erst ins Rollen gebracht zu haben. Für finanzielle Unterstützung danke ich allen, die sich angesprochen fühlen, hier aber nicht namentlich genannt werden möchten. Erwähnt sei auch die Förderung durch das Johanna-Stahl-Zentrum, den

Bezirk Unterfranken, die Stadt Würzburg und die Juristen-Alumni der Universität Würzburg. Wie immer ließe sich ein solches Projekt nicht ohne das Verlagsteam aus dem Hause Hentrich & Hentrich umsetzen. Hier seien insbesondere Dr. Nora Pester als Inhaberin sowie Sonja Surup als Lektorin und Simon Raulf als Lektor genannt, aber auch Hermann Simon, der den Titel in seine wunderbare Reihe aufgenommen hat. Zum Abschluss bleibt der Dank an alle Freunde und Familienangehörigen, die dieses Projekt entweder stets durch bereichernde Gespräche unterstützten oder mir verziehen, dass die Zeit ein rares Gut war und ist.

Anmerkungen

1 Zu den militärsoziologischen Hintergründen, weshalb man Juden überhaupt zu Offizieren befördert hat, vgl. Jacob Rosenthal: „Die Ehre des jüdischen Soldaten". Die Judenzählung im Ersten Weltkrieg und ihre Folgen, Frankfurt/New York 2007, S. 41.

2 Reinhard Weber: Das Schicksal der jüdischen Rechtsanwälte in Bayern nach 1933, München 2006, S. 1.

3 Zum Terminus vgl. Volker Müller-Benedict/Jörg Janssen/Tobias Sander: Akademische Karrieren in Preußen und Deutschland 1850–1940, S. 106 f.

4 Anwalt ohne Recht. Schicksale jüdische Anwälte in Deutschland nach 1933. Katalog zur Wanderausstellung, hrsg. v. Deutschen Juristentag und der Bundesrechtsanwaltskammer, Berlin 2000, S. 2.

5 Weber, Schicksal jüdischer Rechtsanwälte, S. 1; Anwalt ohne Recht, S. 2.

6 Ingo Müller: Furchtbare Juristen. Die unbewältigte Vergangenheit unserer Justiz, München 1987, S. 67.

7 Peter Longerich: Politik der Vernichtung. Eine Gesamtdarstellung der nationalsozialistischen Judenverfolgung, München 1998, S. 42 f.

8 Günter Plum: Wirtschaft und Erwerbsleben, in: Wolfgang Benz (Hg.): Die Juden in Deutschland 1933–1945, München 1988, S. 288.

9 Hinzu kommt der Umzug des Staatsarchives nach Kitzingen. Bis dahin bleiben die besagten Akten unzugänglich.

10 Reiz (1839–1910), Klara (1841–1920), Gerson (geb. am 10.3.1843), Simon (1845–1859), Otto mit dem hebräischen Namen Oscher, Salomon (1849–1917), Eva (1851–1918), Henriette (1853–1922), Behla (geb. am 5.5.1856) und Samuel (geb. am 20.1.1860). Die

Geburtseinträge finden sich sämtlich im Staatsarchiv Würzburg [fortan StAW], Jüd. Standesregister 129/Steinach a. d. Saale.

11 Reiner Strätz: Biographisches Handbuch Würzburger Juden 1900–1945, 2 Teilbände, Würzburg 1989 (Veröffentlichungen des Stadtarchivs Würzburg Bd. 4, I–II), S. 600.

12 Baruch Z. Ophir (Hg.): Pinkas Hakehillot: Encyclopedia of Jewish Communities from their foundation till after the Holocaust. Germany – Bavaria, Jerusalem 1972, S. 577.

13 In einer familieninternen Dokumentation wird fälschlicherweise von 1810 gesprochen, in den meisten unterfränkischen Orten und speziell in Steinach an der Saale geschah dies aber 1817. Damals wurden sog. Matrikellisten erstellt, in die jüdische Familienoberhäupter mit ihren bisherigen Namen (Vorname und Vatersname) sowie dem neu gewählten Nachnamen eingetragen wurden. Vgl. Wilhelm Stern: Bemerkungen zum Stammbaum der Familie David Stern, Steinach a. d. S., Würzburg 5.9.1933, maschinelle Durchschrift, hrsg. v. Leo Baeck Institute [fortan LBI], URL: https://archive.org/stream/sternf001#page/n9/mode/1up (11.03.2024), S. 3.

14 Ebd., S. 4. Sie hatte fünf Geschwister: Samuel, Hanna, Vogele (Fanny), Regine und Gellisch (Klara).

15 LBI (Hg.), Stammbaum Stern.

16 Vgl. die autobiographischen Darstellungen von Julius Frank (1889–1991), zit. in: Rebekka Denz/Rotraud Ries: Mitten unter uns. Landjuden in Unterfranken vom Mittelalter bis ins 20. Jahrhundert, Würzburg 2015, S. 52.

17 StaW, Einwohnermeldebogen Otto Stern.

18 Universitätsarchiv Würzburg [fortan UAW], schriftliche Auskunft von Florian Zwießler (Kopie beim Verfasser).

19 Vgl. Sammlung John Stern [fortan SJS], Schreiben des 1. Vorstands B. Schloer an Otto Stern cand. phil., Würzburg, 20.11.1866

(Kopie beim Verfasser).

20 Sein Sohn Bruno Stern, der zu Schulzeiten Mitglied der Abituria war, wollte zu Studienbeginn der nun zur Burschenschaft umgewandelten Germania beitreten, was sein Vater nicht unterstützte. Grund dafür war eine Resolution des Allgemeinen Deputierten-Convents (ADC), dem die Germania 1896 beigetreten war und der es den Mitgliedsverbindungen nicht mehr gestattete, neue jüdische Studenten aufzunehmen. War der Vater eines Interessenten Alter Herr, konnte eine Aufnahme jedoch theoretisch gebilligt werden. Nachdem die Aktivitas der Germania wider besseren Wissens entschieden hatte, Bruno Stern könne nicht aufgenommen werden, trat Otto Stern am 29. Juni 1898 aus der Verbindung aus. Ein daraufhin tagender Philisterconvent verurteilte die Entscheidung der Aktivitas „auf das Schärfste". Auskunft von Prof. Dr. Matthias Stickler und Carl-Philipp Hintz. Dr. Roland Flade nennt den Vorfall ebenfalls, verweist jedoch auf das Corps Bavaria. Roland Flade: Die Würzburger Juden. Ihre Geschichte vom Mittelalter bis zur Gegenwart, Würzburg ²1996, S. 166 f. Zur Kritik der Würzburger Germania an den antisemitischen Tendenzen im ADC vgl. Thomas Schindler/Robert Hein: Studentischer Antisemitismus und jüdische Studentenverbindungen, 1880–1933, Erlangen 1988, S. 152.

21 Strätz, Biographisches Handbuch, S. 600.

22 LBI, Stammbaum Stern.

23 Bayerisches Hauptstaatsarchiv [fortan BayHStA], MJu 22049, Personalakt Otto Stern.

24 Strätz, Biographisches Handbuch, S. 600.

25 Primäre Qualifikationserteilung durch das Bezirksgericht Würzburg, 9.3.1878, BayHStA, MJu 22049, Personalakt Dr. Otto Stern, S. 1.

26 Beurteilung des Würzburger Bezirksgerichts, 7.1.1878, BayHStA,

MJu 22049, Personalakt Dr. Otto Stern, S. 4.

27 Volker Müller-Benedict: Wachstum und Austausch akademischer Karrieren 1850–1940, in: Peter Lundgreen (Hg.), Zeitschrift für Erziehungswissenschaften. Bildungsbeteiligung: Wachstumsmuster und Chancenstruktur 1800–2000, 9. Jg. (2006) H. 7, S. 95.

28 Beurteilung des Würzburger Bezirksgerichts, 7.1.1878, Personalakt Dr. Otto Stern/BayHStA, MJu 22049, S. 4.

29 Ebd., S. 2.

30 Ebd. Bereits zwei Jahre zuvor hatte ein anderer Mitarbeiter des Würzburger Bezirksgerichts geurteilt: „Stern besitzt bei überaus glücklichen Geistesgaben sehr tüchtige Rechtskenntnisse und eine große Geschäftsgewandtheit in allen Anwaltssachen." Beurteilung des Würzburger Bezirksgerichts, 12.1.1876, BayHStA, MJu 22049, Personalakt Dr. Otto Stern, S. 6.

31 Einwohnermeldebogen Otto Stern, StaW.

32 Antwortschreiben des Justizministeriums an Dr. Otto Stern, München, den 25.9.1879, BayHStA, MJu 22049, Personalakt Dr. Otto Stern, S. 20.

33 Grundliste Kaiserstraße 29 Würzburg, einsehbar im StaW.

34 Ebd.

35 Flade, Würzburger Juden, S. 214 ff.

36 Auszug einer Mitteilung Ludwigs III. an Dr. Otto Stern, München, o. D., BayHStA, MJu 22049, Personalakt Dr. Otto Stern, S. 47; StaW, Einwohnermeldebogen Otto Stern. Vgl. ferner Allgemeine Zeitung des Judentums, Jg. 78, Nr. 30, 24. Juli 1914, S. 4.

37 Bei Julius Ritter von Henle handelt es sich um einen Großneffen 2. Grades des berühmten Fürther Vorkämpfers für die Emanzipation der Juden. Der spätere Regierungspräsident wurde als Jude geboren, konvertierte dann aber vermutlich während des Jurastudiums zum Katholizismus. Zu Elkan Henle vgl. Manfred Treml: Elkan Henle (1761–1833), ein Vorkämpfer für die

Judenemanzipation, in: Manfred Treml: Geschichte und Kultur der Juden in Bayern. Lebensläufe, München 1988, S. 59–62.

38 Schreiben Friedrich von Brettreichs an das königliche Justizministerium, München, den 1.12.1917, BayHStA, MJu 22049, Personalakt Dr. Otto Stern, S. 48.

39 Allgemeine Zeitung des Judentums, Jg. 65, Nr. 2, 11. Januar 1901, S. 4.

40 Schreiben Friedrich von Brettreichs an das königliche Justizministerium, München, den 1.12.1917, BayHStA, MJu 22049, Personalakt Dr. Otto Stern, S. 48.

41 Schreiben Müllers an Brettreich, München, 13.12.1917, BayHStA, MJu 22049, Personalakt Dr. Otto Stern, S. 49.

42 Vgl. das Schreiben des Präsidenten Zapf an Otto Stern, Würzburg, 6.8.1917, BayHStA, MJu 22049, Personalakt Dr. Otto Stern, S. 51. Zapf nennt Stern hier eine „Zierde des ganzen Anwaltsstandes".

43 Vgl. das Schreiben des Regierungspräsidenten an Otto Stern, Würzburg, 6.8.1917, BayHStA, MJu 22049, Personalakt Dr. Otto Stern, S. 52.

44 Vgl. das Schreiben Willms an Stern, Würzburg, 6.8.1917, BayHStA, MJu 22049, Personalakt Dr. Otto Stern, S. 54.

45 Vgl. das Schreiben des Stadtmagistrats Brand an Otto Stern, Würzburg, 6.8.1917, BayHStA, MJu 22049, Personalakt Dr. Otto Stern, S. 53. Brand wünschte Stern einen „sonnigen Lebensabend, […] getragen von der Verehrung und Achtung [seiner] Mitbürger".

46 Zum Umstand, dass innerhalb der Zentrumspartei und derartigen katholischen Bewegungen des ausgehenden 19. Jahrhunderts der Antisemitismus zum „zentralen Bestandteil des kirchlichen Bekenntnisses" geworden war, vgl. Werner Bergmann/ Ulrich Wyrwa: Antisemitismus in Zentraleuropa, Darmstadt 2011,

S. 55. Vgl. ferner Hannes Ludyga: Die Rechtsstellung der Verhandlungen der Kammer der Abgeordneten des bayerischen Landtages, Berlin 2007.

47 Central Archives for the History of the Jewish People (fortan CAHJP), Jerusalem, WR 478 Protokolle 1917–1921, S. 151, zit. n. Flade, Würzburger Juden, S. 268 f.

48 Zit. n. Flade, Würzburger Juden, S. 159.

49 Fränkisches Volksblatt, 2.5.1919, S. 3, zit. n. Flade, Würzburger Juden, S. 148. Vgl. Flade, Würzburger Juden, S. 158.

50 Flade, Würzburger Juden, S. 138.

51 Ebd., S. 140 f.

52 Ebd.

53 Flade, Würzburger Juden, S. 159.

54 Leonhard Frank: Die Räuberbande, Leipzig 1922, S. 98.

55 Zu Leben und Wirken des Rabbiners vgl. den Artikel Haas, David Hirsch, Dr., in: Michael Brocke/Julius Carlebach s. A. (Hgg.): Biographisches Handbuch der Rabbiner, T. 1, 1: Die Rabbiner der Emanzipationszeit in den deutschen, böhmischen und großpolnischen Ländern 1781–1871, bearb. v. Carsten Wilke, München 2004, S. 403.

56 Ebd. Vgl. ferner den Artikel Bamberger, Seligmann-Bär, in: ebd., S. 167.

57 StaW, Einwohnermeldebogen Gerson Haas.

58 Strätz, Biographisches Handbuch, S. 226.

59 Ebd.

60 Promotionsurkunde, Universitätsarchiv Heidelberg (fortan UAH).

61 UAH, Juristische Fakultätsbände, S. 669 r. Zur Person Georg Jellineks vgl. Christoph Schönberger: Ein Liberaler zwischen Staatswille und Volkswille: Georg Jellinek und die Krise des staatsrechtlichen Positivismus um die Jahrhundertwende, in: Stanley

L. Paulson/Martin Schulte (Hgg.): Georg Jellinek. Beiträge zu Leben und Werk, Tübingen 2000, S. 3–32.

62 Ebd.

63 Vgl. bspw. die Todesanzeige von Dr. jur. Otto Ernst Haas in der Biographischen Datenbank jüdisches Unterfranken. Otto Ernst konnte bereits kurz nach seiner Entlassung aus dem Staatsdienst 1933 nach Zagreb/Jugoslawien emigrieren. Dort lernte er auch die Städte Split und Dubrovnik kennen. Vgl. Otto Ernst Haas an Roland Flade, Freiburg, 26. Januar 1992, in: Korrespondenz Haas/Flade, Privatbesitz Roland Flade, S. 1.

64 Jellinek, Walter: Verwaltungsrecht, Berlin/Heidelberg 21929, S. 159.

65 Otto Ernst Haas: (Kurzbiographie) Haas, Gerson, o. O. o. J. [vermutl. Freiburg i. Br. 1982] (Kopie im Johanna-Stahl-Zentrum, fortan JSZ).

66 Strätz, Biographisches Handbuch, S. 226.

67 Haas, Kurzbiographie.

68 Flade, Würzburger Juden, S. 292.

69 Haas, Kurzbiographie.

70 Flade, Würzburger Juden, S. 242.

71 „Fränkisches Volksblatt“, 17. März 1920, S. 5, zit. n. Flade, Würzburger Juden, S. 242.

72 CAHJP, WR 478 Protokolle 1917–1921, S. 314, zit. n. Flade, Würzburger Juden, S. 242 f.

73 Gestapostelle Würzburg 11141, Akt Karl Rosenthal, zit. n. Flade, Würzburger Juden, S. 246 f.

74 Roland Flade: „Es kann sein, daß wir eine Diktatur brachen.“ Rechtsradikalismus und Demokratiefeindschaft in der Weimarer Republik am Beispiel Würzburg, Würzburg 1983, S. 37–39.

75 Flade, Würzburger Juden, S. 248 f.

76 Vgl. Steidle, Hans: „Der Habima-Skandal in Würzburg 1930/31“,

in: Mainfränkisches Jahrbuch 35 (1983), S. 152–210.

77 Antwort Otto Ernst Haas auf Fragebogen Roland Flade, Freiburg, 13. April 1982, in: Korrespondenz Haas/Flade, Privatbesitz Roland Flade, S. 2.

78 Flade, Würzburger Juden, S. 124, 129.

79 Otto Ernst Haas an Roland Flade, Freiburg, 3. Juli 1985, in: Korrespondenz Haas/Flade, Privatbesitz Roland Flade, S. 1.

80 Flade, Würzburger Juden, S. 299.

81 Flade, Würzburger Juden, S. 110 f.

82 Strätz, Biographisches Handbuch, S. 226.

83 Brief der IKG Würzburg an Dr. Gerson Haas, Würzburg, den 26. Juli 1939, S. 1 f. (Kopie im JSZ).

84 JSZ, Friedhofsdatenbank.

85 Strätz, Biographisches Handbuch, S. 592.

86 Diesen Hinweis verdanke ich Dr. Florian Zwießler.

87 Strätz, Biographisches Handbuch, S. 592.

88 Flade, Würzburger Juden, S. 167.

89 StAW, Gestapostelle 15277, Gestapovernehmungsprotokoll Dr. Bruno Stern, Würzburg, 11.11.1938, S. 28.

90 In seiner Satzung nennt der Verein mehrere Zwecke für seine Existenz, darunter als erstes: „Die Unterstützung und Pflege armer weiblicher Personen und bedürftiger Wöchnerinnen israelitischer Konfession", Satzungen des Israelitischen Frauenvereins e. V. Würzburg, Würzburg 1922, S. 2. Dem Vorstand gehörten neben Frida Stern auch Sophie Forchheimer und Sarah Seligsberger an. Weitere Frauen mit einem Arbeitsplatz an der Kaiserstraße waren Mina Hellmann, die in der Praxis ihres Gatten als Angestellte arbeitete, und Rosalie Gunzenhäuser, die ab 1927 das Geschäft ihres Mannes an der Kaiserstraße 7 übernahm. Siehe ebd., S. 7.

91 Ebd.

92 Harriett Gustason: Former Freeport dignitary was there the „Night of the Broken Glass“, in: The Journal Standard, URL: http://www.harlanfamily.org/stories.html (11.03.2024).

93 StAW, Gestapostelle Würzburg, 15277, Brief von Frida Stern zu Händen Herrn [Michael] Völkl, Gestapostelle, Würzburg, den 24.11.1938, S. 43 r.

94 Strätz, Biographisches Handbuch, S. 594.

95 Ebd., S. 593.

96 Seine Biographie ist bestens erschlossen und online einsehbar: Trezlen D. Drake: William B. Stern. A Biography, New York 2010.

97 Marian G. Gallagher/Julius J. Marke/Arthur A. Charpentier: „I remember them well“, in: Law Library Journal 75 (1982): 270–288, hier S. 278.

98 Prozentual gesehen kämpften im Verhältnis zur Gesamtbevölkerung während des Ersten Weltkriegs genauso viele männliche Juden wie Nichtjuden an den Fronten des Deutschen Reiches. Vgl. hierzu Rosenthal, „Die Ehre des jüdischen Soldaten“, S. 12 f.

99 Vgl. Arndt Kremer: Deutsche Juden – deutsche Sprache. Jüdische und judenfeindliche Sprachkonzepte und -konflikte 1893–1933, Berlin/New York 2007, S. 341 f.

100 StAW, Gestapostelle 15277, Personalbogen Dr. Bruno Stern, S. 25; Gestapovernehmungsprotokoll Dr. Bruno Stern, Würzburg, 11.11.1938/StAW, Gestapostelle 15277, S. 28.

101 Brief von Julius Wenzel [an Bruno Stern], Aschaffenburg, den 23. Mai 1933, S. 1 (Kopie im JSZ).

102 Ebd., S. 2.

103 Einwohnermeldebogen Bruno Stern, StaW, v.

104 Flade, Würzburger Juden, S. 75–77.

105 Strätz, Biographisches Handbuch, S. 592.

106 Angabe Ernst-Georg Sterns, Familienarchiv auf ancestry.com.

107 Strätz, Biographisches Handbuch, S. 252.

108 Angabe Ernst-Georg Sterns, Familienarchiv auf ancestry.com.

109 Matthias Lermann: Der Würzburger Oberbürgermeister Dr. Hans Löffler, Würzburg 2012, S. 144–147.

110 Strätz, Biographisches Handbuch, S. 592.

111 Hierin ist eine Sonderform des bereits 1893 etablierten Central-Vereins zur Abwehr des Antisemitismus (C. V.) zu sehen, die als Reaktion auf den Habima-Skandal zurückzuführen ist. Zum C. V. vgl. Michael Brenner: Central-Verein, in: Dan Diner (Hg.): Enzyklopädie jüdischer Geschichte und Kultur, Bd. 1, Stuttgart 2011, S. 480–484. Zu den neuesten Erkenntnissen um den C. V., insbesondere hinsichtlich seiner weiblichen Mitglieder, vgl. Rebekka Denz: Bürgerlich, jüdisch, weiblich. Frauen im Centralverein deutscher Staatsbürger jüdischen Glaubens (1918–1938), Berlin 2021.

112 Strätz, Biographisches Handbuch, S. 592.

113 Weber, Schicksal jüdischer Rechtsanwälte, S. 97.

114 StAW, Gestapostelle 15277, Gestapovernehmungsprotokoll Dr. Bruno Stern, Würzburg, 11.11.1938, S. 28.

115 Gustason, „Night of the Broken Glass". Hier und im Folgenden aus dem Englischen übersetzt von R. Altieri.

116 Ebd.

117 Ebd.

118 Ebd.

119 Ebd.

120 Ebd. StAW Gestapostelle 15277, Justizrat Dr. Gerson Haas an die Gestapostelle Würzburg, Würzburg, 12.11.1938, S. 31; Gerson Haas an die Gestapostelle Würzburg, Würzburg, 14.11.1938, S. 32.

121 StAW Gestapostelle 15277, Notiz des Kriminalkommissars Michael Völkl auf dem Brief von Gerson Haas an die Geheime Staatspolizei Würzburg, Würzburg, 14.11.1938 [Notiz vom 26.11.1938], S. 33.

122 StAW Gestapostelle 15277, Brief des Finanzamts Würzburg an die Gestapo Würzburg, Würzburg, 28.10.1938, S. 2.

123 StAW, Gestapostelle 15277, Gestapovernehmungsprotokoll Dr. Bruno Stern, Würzburg, 11.11.1938, S. 28. Darin: „Mein Vermögen beträgt etwa 200.000 RM. Dasselbe besteht teilweise in Haus- und Grundbesitz, teilweise in Forderungen und Wertpapieren."

124 StAW Gestapostelle 15277, Sicherheitsbescheid des Finanzamtes Würzburg an Dr. Bruno Stern, Würzburg, 2.12.1938, S. 8.

125 Vgl. u. a. StAW Gestapostelle 15277, Gerson Haas an die Gestapostelle Würzburg, Würzburg, 14.11.1938, S. 32. Robert Harlan nahm Bruno Stern dieser Tage als großen, kräftigen und bei bester Gesundheit befindlichen Mann in den Sechzigern wahr. Vgl. Gustason, „Night of the Broken Glass".

126 Dale Keiger: The Letter, in: The Penn Stater 11/12 (1998), S. 42–45, hier S. 44.

127 Ebd.

128 Ebd.

129 Ebd.

130 Ebd.

131 Weber, Schicksal jüdischer Rechtsanwälte, S. 173, 218; Vgl. ferner Joseph Walk: Kurzbiographien zur Geschichte der Juden 1918–1945, München 1988, S. 353.

132 Gustason, „Night of the Broken Glass".

133 Pennsylvania State College, Faculty Bulletin, Vol. 27 (1944), Nr. 14, 6. Juni 1944, S. 3.

134 Gustason, „Night of the Broken Glass".

135 Sohn des jüdischen Rechtsanwalts Richard Müller und dessen nichtjüdischer Ehefrau Helene. Vgl. StAW Wiedergutmachungsbehörde IV 545308-a105276-JR7530, Niederschrift der öffentlichen Sitzung des Landgerichts Würzburg – Wiedergutmachungskammer, Mittwoch, den 10.11.1954, S. 11.

136 StAW Wiedergutmachungsbehörde IV 91061-a9838/942, Rückerstattungsantrag des Baeckers Bruno Stern (früher: Rechtsanwalt Justizrat Dr. Bruno Stern, Würzburg) State College, Pennsylvania, USA.

137 StAW Wiedergutmachungsbehörde IV 545308-a105276-JR7530, Brief des Regierungsrats König an die Wiedergutmachungsbehörde IV, Würzburg, den 25.10.1954, S. 10.

138 Keiger, The Letter, S. 45.

139 Angabe von Ernst-Georg Stern im Familienarchiv auf ancestry.com.

140 Keiger, The Letter, S. 45. Im Original: „His was a ruined life, in a way. But it could have been much worse."

141 Genealogischer Eintrag zu Bernhard Bruno Stern, URL: https://www.geni.com/people/Bernhard-Stern/6000000028140873508 (11.03.2024).

142 Familienarchiv auf ancestry.com.

143 Gustason, „Night of the Broken Glass".

Über den Autor

Riccardo Altieri
hat in Würzburg Geschichte studiert und wurde in Potsdam promoviert. Seit 2022 ist er der Leiter des Johanna-Stahl-Zentrums für jüdische Geschichte und Kultur in Unterfranken und seit 2023 Lehrbeauftragter an den Universitäten Würzburg und Bamberg. Bei Hentrich & Hentrich sind von ihm in den „Jüdischen Miniaturen" erschienen: *Rosi Wolfstein-Frölich. Sozialdemokratin und Antimilitaristin*, Bd. 275, ISBN 978-3-95565-456-6 und *Johanna Stahl. Wirtschaftswissenschaftlerin, Politikerin, Frauenrechtlerin*, Bd. 298, ISBN 978-3-95565-540-2.